北京

洋洋兔 编绘

泰山出版社 · 济南 ·

图书在版编目（CIP）数据

北京 / 洋洋兔编绘. -- 济南 : 泰山出版社，
2020.12
（漫游中国系列）
ISBN 978-7-5519-0157-4

Ⅰ. ①北… Ⅱ. ①李… ②洋… Ⅲ. ①北京－概况－
儿童读物 Ⅳ. ①K921-49

中国版本图书馆 CIP 数据核字（2020）第 219311 号

责任编辑 池 骋
装帧设计 洋洋兔

BEIJING
北京

出版发行：泰山出版社
社　　址：济南市泺源大街 2 号　邮编：250014
电　　话：综 合 部（0531）82023579　82022566
市场营销部（0531）82025510　82020455
网　　址：www.tscbs.com
电子信箱：tscbs@sohu.com
印　　刷：朗翔印刷（天津）有限公司
开　　本：190mm×210mm　24 开
印　　张：1.5
字　　数：80 千字
版　　次：2021 年 1 月第 1 版
印　　次：2021 年 1 月第 1 次印刷
标准书号：ISBN 978-7-5519-0157-4
定　　价：20.00 元

目录

向着冰糖葫芦……
不，首都北京出发！
啊！我好像看到了卖冰糖葫芦的！我要吃最大的那根！

出发！寻找地道北京味儿

冰糖葫芦、糖耳朵、豌豆黄……你品尝过这些风味小吃吗？

颐和园里的昆明湖有多大？

卢沟桥上的石狮子有多少只？

故宫的房间真的有9999间半吗？

还有巨大的鸟巢、酷炫的水立方、特色博物馆和科技馆……

真想去看看呀！

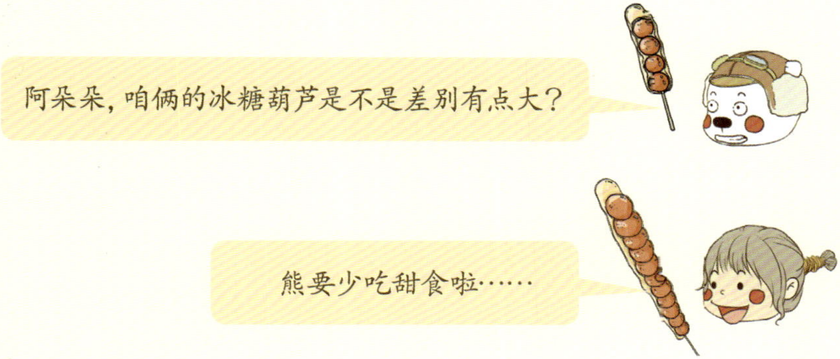

灿烂熊和阿朵朵这次的目的地是我们伟大祖国的首都——北京。作为千年古都，北京不仅有深厚的文化底蕴，还是一个充满现代感的国际大都市。想不想深入了解北京，体验独属北京的古典和现代呢？跟着灿烂熊和阿朵朵的脚步，一起出发吧！

“北京人”的故乡

大约在70万年到20万年前，在北京市房山区周口店村旁的龙骨山上，生活着一群原始人类，他们就是闻名世界的“北京人”。

北京人属于直立人，即能够直立行走、会制作石器的人。他们很多人一起生活在山上的洞穴里，主要依靠采集野果、捕鱼和狩猎动物为生。

那时，北京人周围有剑齿虎、燕山披毛犀、盘羊、羚羊等野生动物，这些动物很难被捕获，所以北京人一般集体作战，然后一起分享劳动果实。

某一天，或许因为雷电劈坏了树木，北京人发现了“火”的存在。他们注意到，火不仅可以炙烤食物，让食物变得更美味，还可以防御野兽，于是开始有意识地管理和保存火种。不过，北京人还不会自己生火，所以保存的都是天然火种，比如打雷或树木自燃时产生的火。

你想亲眼看看北京人生活的地方吗？位于龙骨山脚下的周口店遗址博物馆生动地再现了北京人生活和狩猎的场景，去那里进一步探索北京人的奥秘吧！

中轴线上的北京

小朋友，你观察过北京的地图吗？仔细观察，你会发现北京有东西、南北两条城市轴线，它们相互交叉，组成一个“十”字，“十”字的中心正是天安门。沿着这两条城市轴线，可以追寻到北京发展的足迹。

北京的东西轴线，就是长安街和它的延长线。长安街始建于明朝，以盛唐都城“长安”命名，是当时北京最主要的道路，距今已有600余年历史。不过，明朝时的长安街只有约3.8千米长，距离就是从现在的东单到西单。现在的长安街已经延长到了50多千米。

传统意义上的北京中轴线，指的是从永定门到钟鼓楼的南北轴线，全长约7.8千米，最早修建于元朝，明清时期又有延长。沿着南北中轴线走一遭，你会发现这条线上聚集了众多名胜古迹，天安门、故宫、景山、钟鼓楼……当真是北京的名胜一条街啊！

北京申奥成功后，南北中轴线再次向北延伸，成了奥林匹克公园的轴线。现在这条线上，既有历史的沉淀，又有现代的活力。游览北京，不妨就先从这条线开始吧！

在故宫里看皇帝的一天

我们都有自己的家，而明清时期的皇宫——故宫，就是明清两朝皇帝的家。古人认为皇帝象征紫微星，而皇帝生活的地方是禁地，所以故宫也叫“紫禁城”。故宫是明成祖朱棣（dì）下令修建的，迄今已有 600 多年的历史。

太和殿

故宫里最大的宫殿，只有在举办皇帝登基、大婚、册封、出征等重大仪式时才会使用。

故宫很大，有好几千个房间，那么皇帝身为故宫的主人，还有大批人伺候，是不是生活得很轻松自在呢？其实不是的。如果要做一个勤政的皇帝，每天要处理大量的政务。著名的“工作狂”雍正皇帝一年中 364 天都在工作，只有自己生日那天才休息。

皇帝的一天是怎么度过的呢？以清朝皇帝为例，他们要在早上 5 点起床，先去给祖母、母亲请安，然后用早膳；在 9 点半上早朝，然后开始处理政务。中午，皇帝会稍微午休一会儿，然后用晚膳。因为清朝人一天只吃两顿正餐，所以皇帝在中午后用的就是“晚膳”了。

乾清门 皇帝上早朝的地方。

下午，皇帝会继续工作。如果饿了，就吃些点心；乏了，就去御花园走走。晚上，皇帝要祭拜神灵，然后在 9 点就寝。这么一看，皇帝的一天是不是也很枯燥呢？

不到长城非好汉

来到北京，很多人都想一睹万里长城的风采。雄踞在北京西北部咽喉要道最高处的，便是著名的八达岭长城。

古人自春秋战国时期开始修筑长城，历经各朝各代，延续了 2000 多年。据统计，我国现存的历代长城总长度达 21 196.18 千米，大致相当于从北极沿着地球表面到南极的距离呢！

今天我们看到的八达岭长城，气势磅礴，雄伟险峻，是明长城中最著名的一段。巨大的条石与青砖构筑起坚固的城墙，城墙险要处还有城台、墙台和敌台。古时，万里长城是抵御游牧民族侵扰的重要设施，而如今，它成为中华民族的伟大象征。

八达岭长城所在的山下有一座戚继光雕像。戚继光是明朝的抗倭英雄，为什么他的雕像会出现在这里呢？原来啊，八达岭长城就是戚继光指挥修建的。他在南方抗倭后，到北方安定边疆，一上任便重修蓟（jì）州长城，修整敌台，这才有了今天我们引以为豪的八达岭长城。

颐和园——不是江南，胜似江南

“春湖落日水拖蓝，天影楼台上下涵。十里青山行画里，双飞百鸟似江南。”如果没去过颐和园，你一定想不到，北京居然也有一处这么“似江南”的地方！

颐和园是清朝乾隆皇帝下令修建的，据说他多次南巡，对江南风光流连忘返，但身为一国之君，并不能真的“忘返”，于是干脆将江南风光“复制”到了北京，以江南名胜杭州西湖为蓝本，打造了一个“清漪园”，也就是颐和园。

颐和园的主体包括昆明湖、万寿山和宫廷区三大部分。颐和园山水和谐，又有古建筑点缀其中，一年四季都有看不完的美景。“虽由人作，宛若天开”，说的就是颐和园。

颐和园建成以后，乾隆帝分外喜欢，经常来这里“一日游”。现在我们走上西堤，吹着凉爽的湖风，望着万顷碧波，还有远处郁郁葱葱的万寿山，就能了解乾隆帝的心情了。这么风景如画的地方，谁不想天天来呢？

去什刹海溜冰

北京也有海吗？什刹海（shí chà hǎi）是什么海？其实什刹海并不是海，而是人们对北京北部的三个湖——前海、后海和西海（也叫积水潭）的统称。“海”是元朝时蒙古族对大湖的称呼，而“刹”是寺庙的意思，这些湖的周围有十座著名的寺庙，所以这里就成了“什刹海”。

什刹海风景秀丽，是北京风景极好的水域之一，许多王公贵族、历史名人都曾在这里居住。现在什刹海周围还保留着恭王府、宋庆龄故居、郭沫若故居等遗址。走在这里，会有一种时空穿越的感觉。

不过，什刹海最热闹的季节，还属冬季。当寒冬来临，湖面上结起厚厚的冰层，什刹海摇身一变，成了一个天然的大溜冰场。古时，人们将冰上的娱乐活动称为“冰嬉”；明清时期，甚至将冰嬉列为宫廷的体育活动。现在，北京人对溜冰的热爱依然没变，每到冬天，什刹海上到处都是嬉戏的人群，热闹的冰面成为寒冬时节一道独特的风景。

去大栅栏寻找北京“老字号”

大栅栏是什么地方？是一条很大的栅栏吗？北京人称它为“dà shí lànr”，其实大栅栏是一条著名的商业街，位于北京市中心地段，迄今已有 500 多年的历史。

大栅栏原本叫“廊房四条”。明朝时，为了社会治安，北京各个街门开始安置木栅栏。廊房四条的栅栏是商贾们出资修建的，因其比其他街道的都大，所以被称为“大栅栏”。久而久之，大栅栏就取代廊房四条，成为这条街道的正式名称。

历史悠久的大栅栏里汇聚了众多同样历史悠久的老字号。北京有句顺口溜："头顶马聚源，脚踩内联升，身穿八大祥，腰缠四大恒。"马聚源、内联升、八大祥和四大恒都是老字号。除了这些，大栅栏里还有中药店同仁堂、做酱菜的六必居、香气飘飘的狗不理包子……怎么样，是不是想赶紧去大栅栏逛一圈呢？

从国子监到高等学府

北京不仅有厚重的历史和无数的名胜古迹，还是学子们梦寐以求的学术圣地：这里汇聚了众多高等学府，其中，北京大学和清华大学都是世界级的名牌高校。

北京大学是我国近代第一所国立综合大学，创建于 1898 年，最初名叫京师大学堂，是当时中国的最高学府。北京大学还是新文化运动的中心、五四运动的发源地，在人文社科领域有着无法比拟的地位。

清华大学成立于 1911 年，初名清华学堂，后来发展成综合大学，在土木、水利、计算机和核能等多个领域为国家做出过重大贡献，被誉为“工程师的摇篮”。

清华大学校训

北大和清华都是现代大学，那么古代北京有没有“大学”呢？当然有啦！位于东城区国子监街的国子监，就是元、明、清三代由国家设立的最高学府和管理教育的行政机构，至今保存完整。小朋友可以去国子监看一看古代“大学生”学习和生活的地方哦！

新北京的见证——北京奥林匹克公园

2008 年，北京举办了第二十九届夏季奥运会。在此之前，我们国家还没有承办过这么重大的国际体育赛事，也没有足够的比赛场地，那要在哪里办奥运会呢？位于北京中轴线北端的奥林匹克公园就由此诞生了。

北京奥林匹克公园从北到南分布着 3 个园区，北部是树木茂密的奥林匹克森林公园，中部是场馆林立的文化体育中心区，南部是奥体中心和奥体文化商务园区。著名的鸟巢和水立方就是中心区的明星建筑。

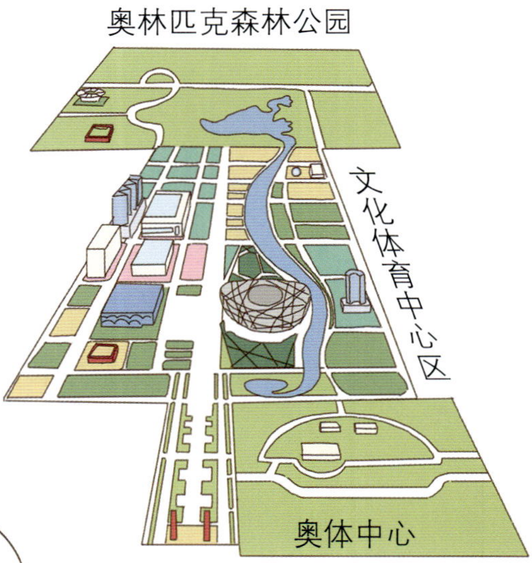

北京奥林匹克公园平面图

鸟巢的正式名称是“国家体育场”，外观就像一个用无数钢架编织而成的鸟巢。这下你知道“鸟巢”这个名字是怎么来的了吧？

水立方的正式名称是“国家游泳中心”，外墙用 3000 多个“泡泡”组合而成。它是根据细胞排列方式和肥皂泡的天然结构设计而成的。

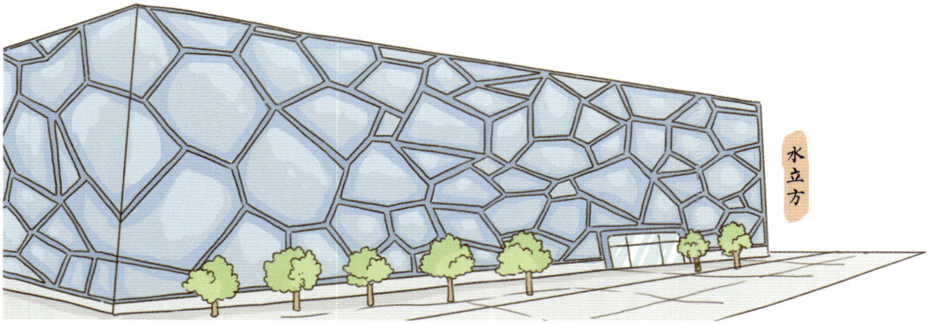

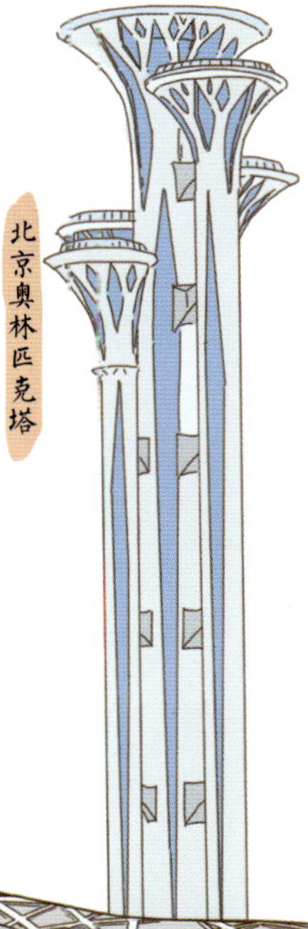

2022 年，北京将和河北省张家口市一起举办第二十四届冬季奥运会，到了那时，鸟巢和水立方将再次发挥赛场作用，无数奥运健儿将在这里创造辉煌，欢迎小朋友来观赏精彩的比赛！

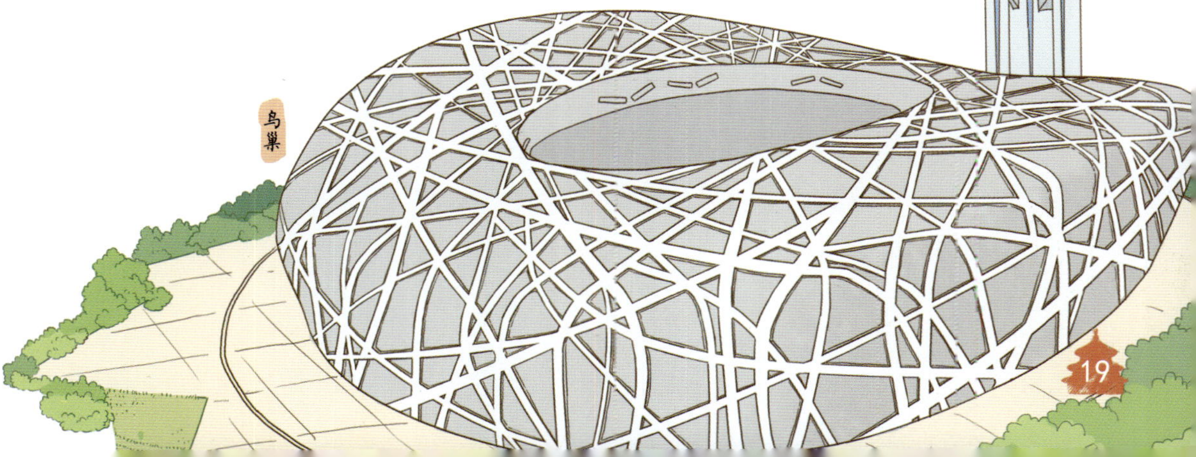

多如牛毛的北京胡同

俗话说：“有名的胡同三千六，没名的胡同赛牛毛。”北京的胡同非常多，就算地道的老北京人，也不敢说自己知道所有胡同呢！

最窄的胡同

北京最窄的胡同——钱市胡同，平均只有 0.7 米宽，最窄的地方只有 0.4 米宽，一个人要侧着身子才能通过。因为这里以前是“金融街”，人们在这里存钱取钱，怕坏人抢劫，就故意把胡同设计得很窄，让坏人很难逃跑。

在北京的胡同里，我们可以看到老北京人最寻常的生活场景：晒太阳的老奶奶、遛鸟的老爷爷、走街串巷的手艺人、玩耍的孩童……

北京的街道那么多，什么样的才算是胡同呢？原来，“胡同”是元朝时北京城的街道规制，按照那时的规定，宽 24 步（约 36 米）的叫大街，宽 12 步（约 18.6 米）的叫小街，宽 6 步（约 9.3 米）或 6 步以内的就是胡同。

四合院——方方正正的小天地

从长长的胡同里推开一扇门，走进一座方方正正的院落。院子里绿树成荫，四面环屋，仿佛隔绝了外界的喧嚣，自成一方天地，这个院子就是北京的传统民居——四合院。

四合院是我国北方地区普遍存在的民居样式，历史悠久，早在3000多年前的西周时期就出现了。在各地的四合院中，又以北京的四合院最为典型。北京的四合院主要成形于元朝。据说元世祖忽必烈定都北京后，给搬到这里定居的达官贵人们分地建宅子，这些宅子就是后来的四合院。

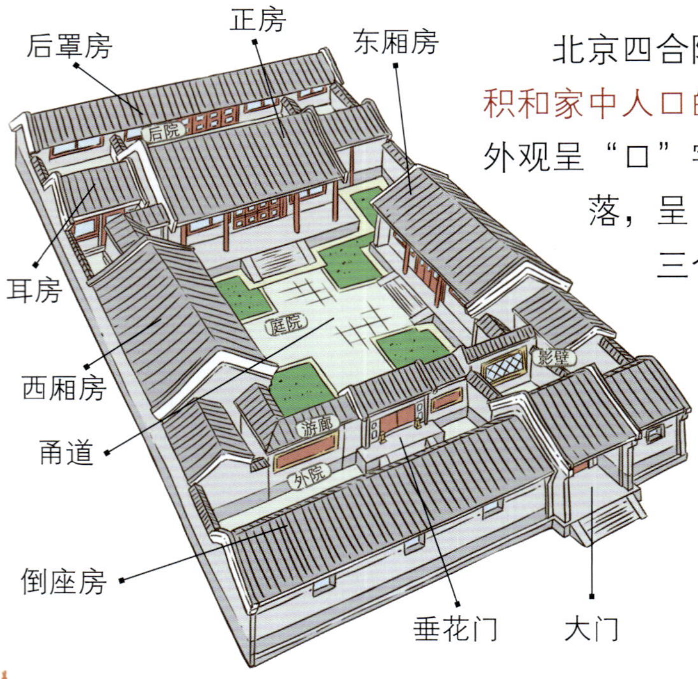

北京四合院有大有小，主要是根据土地面积和家中人口的数量来规划的。只有一个院落，外观呈“口”字形的，叫一进院落；有两个院落，呈“日”字形的，叫二进院落；有三个院落，呈“目”字形的，叫三进院落。以此类推，甚至有四进、五进院落。

方方正正的四合院，为人们提供了装饰庭院的空间。人们喜欢在院子里种些花草树木，再用大缸养上几缸荷花和金鱼，冬赏梅花夏赏荷。一年四季，风景流转，别提多惬（qiè）意了！

京剧——国粹的魅力

来到北京，如果不去剧场亲身感受一番“国粹”京剧的魅力，那实在是太遗憾了。

京剧起源于 100 多年前的北京。清朝乾隆年间，享有盛名的四大徽班（三庆班、四喜班、和春班、春台班）从南方来到北京，为皇帝祝寿表演，没想到得到乾隆皇帝的极大喜爱，从此徽剧就在北京扎下了根。后来，徽剧与汉剧相融合，并吸收秦腔、昆曲等戏剧的优点，发展成了京剧。

京剧有唱、念、做、打四项基本功，“唱”指唱腔，“念”指念白，“做”指身段动作的表演，“打”指武打动作。学唱京剧的人需要付出大量的时间和心血才能练就这四项基本功，俗话“台上一分钟，台下十年功”，说的就是这个道理。

京剧脸谱

京剧的四个行当

小朋友，你注意过吗，京剧里有很多道具，但这些道具的意思，可能和我们理解的不太一样。京剧中，如果一个人手里握着马鞭，就表示他正骑在马上；如果人的身边有两面绣着车轮的旗子，就表示他正坐在马车上。是不是很有意思呢？

赶庙会

庙会，顾名思义，就是在寺庙内或附近聚会，进行祭神、娱乐和购物等多种活动，一般在春节、元宵节、二月二龙抬头等传统节日举行。

旧时北京的寺庙多，有“五步一寺，十步一庙”的说法，庙会兴旺，赶庙会成了老百姓过年的主要习俗、节日里的一大乐事。不过，现在来北京赶庙会，不一定要去寺庙，地坛庙会、龙潭庙会、厂甸庙会、大观园红楼庙会、八大处庙会、朝阳公园庙会等，都是有名的庙会。

众多庙会中，人气最高的要数地坛庙会。地坛庙会汇集了老北京的曲艺演出、杂耍和各种小吃，年味浓烈，非常热闹。

地坛庙会还有一个独有的传统节目——仿清祭地表演，可以再现清朝皇帝祈求地神保佑国泰民安、风调雨顺、五谷丰登的场景。据说演出用的服饰和道具都是依据史籍制作的，连音乐和舞蹈都按照古曲编排。仿清祭地表演重现了皇家祭祀的恢宏气势，十分值得一看。

北京有美味

在北京，尤其是在寒冷的冬天，涮羊肉可以说是非常受欢迎的美食之一。

几个亲朋好友围坐在热气腾腾的炭火铜锅周围，将切得薄如纸片的羊肉用筷子夹着，放到滚开的水中涮上一涮，再蘸上特制的麻酱小料，趁着热乎劲儿把羊肉送入口中，这滋味别提多香了！

麻酱小料

关于涮羊肉的由来，有一个有趣的传说。据说元世祖忽必烈南下途中，特别想吃家乡的炖羊肉，可是厨师刚把羊杀好，还没来得及做，敌人就攻打了过来。情急之下，厨师灵机一动，把羊肉切成薄片放到沸水中一涮，羊肉就熟了。忽必烈吃完羊肉，最后得胜归来，将这道菜取名为“涮羊肉”。

如果说涮羊肉是北京人冬天的最爱，那北京烤鸭就是四季皆宜的美食了。北京烤鸭曾是皇宫里的御用珍品，最初只有焖炉烤制这一种做法。后来，一位河北师傅发明了用挂炉烤制的方式。这种方式烤出的鸭子外皮酥脆、肉质鲜嫩，成为现在北京烤鸭的主流。

北京烤鸭

趣说“北京话”

北京话又叫“京片子”“京腔”，很多词汇都与我们通常知道的大相径庭。你想不想学几句京片子，和当地人聊聊天呢？一起来试试吧！

倍儿：特别、非常。

甭（béng）：不用。

别价：别了、别这样，也作“甭价”。

棒槌：外行。

摆谱儿：拿架子、摆门面。

变着法（fā）儿：想尽各种办法。“变着法儿地给我找事。”

不得（děi）劲儿：身体不舒服或心里不是滋味。“这些天老觉着不得劲儿。”

掰：断交。“那人不实诚，我跟他掰了。”

白嚯：说话不着边际。“没事净瞎白嚯。”

搓火儿：生气、憋气。“今儿这事儿，真让人搓火儿。”

藏猫猫：捉迷藏。“猫”是满族语“树丛”的发音。

点儿背：运气不好。

打这儿：从此之后。“打这儿起，他是他，我是我。”

抖机灵儿：显示自己，特指轻浮表现、耍小聪明，含贬义。“你别在我这儿抖机灵儿了。”

跌份儿：丢面子，失身份。“这都不知道，真跌份儿！”

嘚啵：唠叨个没完。“少嘚啵嘚啵的。”

跟：在，多用在“哪儿”“那儿”之前。“你跟哪儿发财呢？”

得：行了，好了。“得了，就这么办。”

裹乱：添乱。“你跟这儿裹什么乱呢？”

挤对：挖苦，埋汰，用不是很难听的话损人。

见天儿：天天。

遛弯儿：散步。

闷得儿密：睡觉。“你赶紧闷得儿密去吧！”

且：长时间；很。“这事，你且等吧。”